LAS ROCAS

EL SUELO

RICHARD Y LOUISE SPILSBURY

Chicago, Illinois

www.heinemannraintree.com
Visit our website to find out more information about Heinemann-Raintree books.

To order:
☎ Phone 888-454-2279
⌨ Visit www.heinemannraintree.com to browse our catalog and order online.

Edited by Louise Galpine and Diyan Leake
Designed by Victoria Allen
Illustrated by Geoff Ward and KJA artists
Picture research by Hannah Taylor
Originated by Capstone Global Library Ltd
Printed and bound in China by CTPS
Translation into Spanish by DoubleOPublishing Services

18 17
10 9 8 7 6 5 4

Library of Congress Cataloging-in-Publication Data
Spilsbury, Richard, 1963-
  [Soil. Spanish]
  El suelo / Richard y Louise Spilsbury.
    p. cm. -- (Las rocas)
  Includes bibliographical references and index.
  ISBN 978-1-4329-5655-4 (hardcover) -- ISBN 978-1-4329-5663-9 (pbk.)
  1. Soils--Juvenile literature. 2. Soil science--Juvenile literature. I. Spilsbury, Louise. II. Title.
  S591.3.S65618 2011
  631.4--dc22
                    2011009785

Acknowledgments
The author and publisher are grateful to the following for permission to reproduce copyright material: © Capstone Publishers p. **29** (Karon Dubke); Corbis pp. **5** (Gallo Images), **16** (Bob Rowan); istockphoto pp. **6** (© ilbusca), **10** (© 4kodiak), **14** (© Matt Richard), **15** (© Oksana Perkins), **21** (© Tran The Vuong), **22** (© Luciano Mortula), **23** (© Ralph125), **27** (© Jonald John Morales); Photolibrary pp. **4** (Garden Picture Library/Francesca Yorke), **8** (Pixtal Images), **9** (Hemis/Patrick Escudero), **18** (Peter Arnold Images/Walter H. Hodge), **20** (Imagesource); Science Photo Library pp. **13** (Silkeborg Museum, Denmark/Munoz-Yague), **24** (NOAA).

Cover photograph of an eroded cliff reproduced with permission of Photolibrary (Photoalto).

We would like to thank Dr. Stuart Robinson for his invaluable help in the preparation of this book.

Every effort has been made to contact copyright holders of any material reproduced in this book. Any omissions will be rectified in subsequent printings if notice is given to the publisher.

Disclaimer
All the Internet addresses (URLs) given in this book were valid at the time of going to press. However, due to the dynamic nature of the Internet, some addresses may have changed, or sites may have changed or ceased to exist since publication. While the author and publisher regret any inconvenience this may cause readers, no responsibility for any such changes can be accepted by either the author or the publisher.

CONTENIDO

¿Qué es el suelo? 4

¿Cómo forman suelo las rocas? 6

¿Qué más hay en el suelo? 10

¿Cómo identificamos los distintos suelos? 16

¿Para qué usamos el suelo? 20

¿Cómo podemos proteger el suelo? 26

¡Haz una camiseta de tierra! 28

Glosario 30

Aprende más 31

Índice 32

Las profesiones y las rocas

Averigua sobre el trabajo vinculado con el estudio de las rocas.

Consejo de ciencias

Fíjate en nuestros interesantes consejos para saber más sobre las rocas.

¡Cálculos rocosos!

Descubre los números asombrosos del mundo de las rocas.

Biografía

Lee sobre la vida de las personas que han realizado descubrimientos importantes en el estudio de las rocas.

Algunas palabras aparecen en negrita, **como éstas**.
Puedes averiguar sus significados en el glosario de la página 30.

¿QUÉ ES EL SUELO?

El suelo es la capa de tierra que cubre los jardines, los campos y los demás terrenos de nuestro planeta. Aunque no parezca ser más que tierra, el suelo en realidad está formado por muchas cosas diferentes.

El suelo contiene pequeños granos de roca y pedazos diminutos de desechos naturales dejados por seres vivos como las plantas. El agua y el aire se acumulan en los espacios que hay entre los granos de roca. ¡Hay incluso muchos animales que viven en el suelo!

Consejo de ciencias

Extrae una cucharada de suelo del jardín, colócala en un tarro transparente y añade agua. Cierra la tapa del tarro y sacúdelo. Déjalo reposar un día y observa cómo se asientan los distintos ingredientes del suelo.

El suelo contiene sustancias que podrían hacerte daño si entran en contacto con tu boca. Siempre que trabajes con el suelo, usa guantes y lávate las manos después de tocarlo.

¡SUPERSUELO!

El suelo es uno de los **recursos** más valiosos de la Tierra. Necesitamos el suelo para cultivar frutas, verduras y otras plantas con las que las personas y los animales se alimentan. Las plantas que crecen en el suelo también liberan **oxígeno**. El oxígeno es un gas del aire que la mayoría de los seres vivos respira para vivir. Muchos de nosotros no le damos gran importancia al suelo, ¡pero sin el suelo no estaríamos aquí!

En este libro repasamos la historia del suelo, cómo se forma y cómo cambia, qué cosas viven en él, cómo identificamos los diferentes suelos y cómo los usamos.

Las plantas que crecen en el suelo inician las **cadenas alimentarias**, en las cuales las criaturas que se alimentan de las plantas se convierten en el alimento del siguiente animal de la cadena. Este animal se convierte luego en alimento del siguiente animal, y así sucesivamente.

¿CÓMO FORMAN SUELO LAS ROCAS?

El primer ingrediente del suelo son los granos diminutos de roca. Las rocas se forman a partir de distintas mezclas de **minerales**. Estas sustancias sólidas no provienen de plantas o animales vivos. Se forman de manera natural en la Tierra. El desgaste fragmenta las rocas grandes y forma los granos diminutos que vemos en los suelos.

ROCAS QUE SE DESMORONAN

El desgaste se produce de distintas maneras. Por ejemplo, el humo que sale de las fábricas y de los carros contiene gases que se pueden mezclar con el agua de lluvia y volverla **ácida**. Algo que es ácido puede dañar cosas. La **acidez** del agua de lluvia puede **disolver** algunos minerales de las rocas más blandas, como la **piedra caliza** o la arenisca. Fragmenta gradualmente la superficie de las rocas en pedazos diminutos que comienzan a formar suelo.

La lluvia ácida puede desgastar las rocas blandas que se usan en las estatuas. También puede romper pedazos diminutos de las rocas que están sobre la superficie.

ROMPER EN PEDAZOS

El desgaste también puede fragmentar rocas duras como el **granito**. Cuando el agua que se escurre en las grietas de las rocas se congela, se expande y ocupa más espacio. Al agrandarse, hace fuerza en las grietas. Las pequeñas grietas se hacen cada vez más grandes y profundas, y la superficie de la roca gradualmente se va partiendo para formar las piedras pequeñas que encontramos en el suelo.

Así es como el hielo rompe la roca y la fragmenta en pedazos diminutos, o granos, que comienzan a formar el suelo.

¡Cálculos rocosos!

Deben pasar alrededor de 100 años para que una roca blanda como la piedra caliza se desgaste y forme 1 centímetro (menos de media pulgada) de suelo.

Sin embargo, una roca dura como el granito ¡necesita 10 veces ese período de tiempo para desgastarse y formar la misma cantidad de suelo!

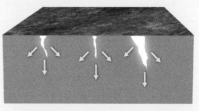

El agua de lluvia penetra en las grietas pequeñas de la roca.

Se congela y se expande, provocando fuerzas en la roca que se transmiten hacia afuera. Cuando el hielo se derrite, la grieta es un poco más grande.

Luego de muchos ciclos de congelación y descongelación, las grietas se han ensanchado tanto que las rocas se parten a lo largo de estos puntos débiles.

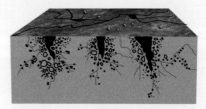

Finalmente, las grietas se han ensanchado tanto que se desprenden de la roca pedazos del tamaño de una peña. El proceso se repite una y otra vez.

ROCAS EN MOVIMIENTO

La mayoría de los suelos contiene minerales desgastados a partir de las rocas que lo formaron, pero algunos suelos contienen minerales que se originaron en otros lugares. ¿De dónde vienen estos ingredientes añadidos? Algunos son transportados a través del proceso de **erosión**. Por ejemplo, el viento puede soplar sobre los granos livianos de arena y llevarlos a lugares nuevos. Los pedazos más pesados de roca, como la grava, pueden ser arrastrados por el agua de lluvia.

¡Cálculos rocosos!

En promedio, los suelos tienen alrededor de 2 metros (7 pies) de profundidad, pero en China se pueden encontrar suelos más profundos. Los suelos de **loes** pueden tener hasta 400 metros (1,312 pies) de profundidad. Se formaron a partir de los granos de arena del desierto que fueron llevados hasta allí por el viento.

Este profundo suelo de loes ubicado en el noroeste de China se formó durante miles de años a partir de la acumulación de la arena que se erosionaba en el desierto de Gobi.

Las plantas que crecen en las laderas de un antiguo volcán de Ecuador prosperan gracias a los minerales añadidos al suelo a partir de la ceniza volcánica.

SUELO REPENTINO

Muchos suelos se forman lentamente, pero algunos pueden cambiar muy rápido. Por ejemplo, durante una tormenta fuerte, un río que desborda e inunda sus márgenes añade minerales nuevos a las tierras a su alrededor. Los **desprendimientos de tierras** o piedras sueltas en las laderas de las montañas pueden **erosionar** grandes cantidades de roca desgastada y transportarlas de un lugar a otro.

En algunos lugares, los minerales que se encuentran debajo de la superficie se añaden al suelo. Los **volcanes** son sitios donde la roca líquida y caliente llamada **magma** emerge a través de agujeros desde lo profundo de la Tierra hasta la superficie. A veces el magma sale de un volcán en forma de chorros que se elevan en el aire y luego caen en forma de **ceniza** volcánica. La ceniza de los volcanes se suma a otros minerales de la superficie y forma un suelo nuevo, rico y oscuro.

¿QUÉ MÁS HAY EN EL SUELO?

Los **minerales** de las rocas son apenas uno de los ingredientes del suelo. Los seres vivos que se encuentran entre los granos de roca también añaden ingredientes al suelo.

LAS PLANTAS

Cuando las plantas comienzan a crecer entre los granos de roca, sus raíces ayudan a que el suelo nuevo se mantenga unido. También crean espacios para que ingresen el aire y el agua y pasen a formar parte del suelo. Para crecer, las plantas absorben agua, aire y nutrientes a través de las raíces. Los **nutrientes** son sustancias químicas que provienen de los minerales y de desechos descompuestos de animales y plantas.

Consejo de ciencias

Haz un corte en el suelo para ver la manera en que las raíces de las plantas lo mantienen unido y forman túneles a través de los granos de roca. El agua de lluvia y el aire se filtran por estos espacios y pasan a formar parte del suelo.

Las plantas que crecen entre los granos de roca ayudan a cambiar y desarrollar el suelo.

EL CICLO DEL NITRÓGENO

El **nitrógeno** es uno de los nutrientes que necesitan las plantas. Sin embargo, la mayoría del nitrógeno es un gas en el aire. Así los seres vivos no lo pueden usar. Los diminutos seres vivos llamados **bacterias**, que viven en las raíces de las plantas, pueden transformar el nitrógeno del aire para que pase a formar parte del suelo. Las plantas lo usan y los animales de las **cadenas alimentarias** pueden comer las plantas para obtener el nitrógeno que necesitan. Parte del nitrógeno regresa al suelo a través de los desechos de los animales, o cuando los animales mueren. Después, otras bacterias del suelo transforman ese nitrógeno en gas, para que vuelva al aire, y así todo el proceso vuelve a iniciarse.

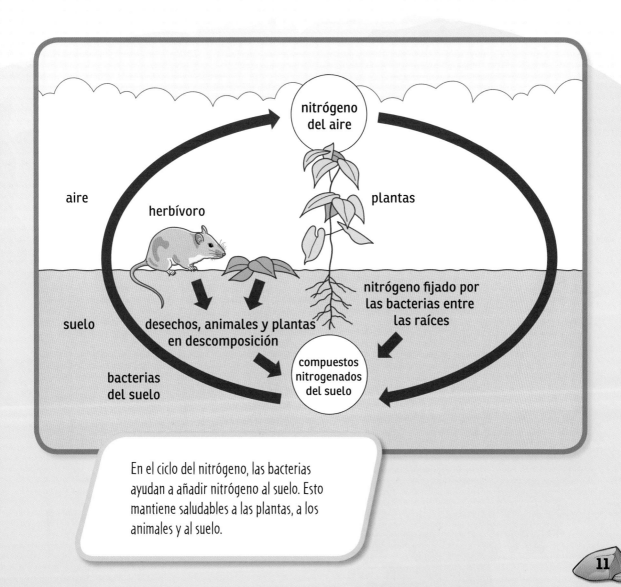

En el ciclo del nitrógeno, las bacterias ayudan a añadir nitrógeno al suelo. Esto mantiene saludables a las plantas, a los animales y al suelo.

CREAR SUELO A PARTIR DE DESECHOS

Además de añadir nitrógeno al suelo, las bacterias y otros **descomponedores** ayudan a convertir los desechos en otro ingrediente del suelo. Los descomponedores son seres vivos que se alimentan de materia **orgánica** como hojas. Descomponen la materia orgánica en nutrientes, que las plantas usan para crecer. Otros descomponedores del suelo son las lombrices y los **hongos** como las setas. Los descomponedores necesitan agua y aire para vivir, de manera que los suelos con pocos de estos ingredientes también tienen pocas plantas y materia orgánica.

Fuentes de materia orgánica del suelo

Plantas
- plantas y hojas muertas
- ramas caídas
- semillas
- flores marchitas

Animales
- cuerpos de animales muertos
- piel, pelos y uñas muertas
- orina y heces (material de desecho)

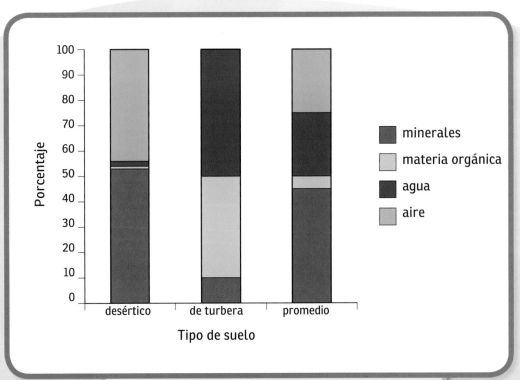

En los desiertos hay agua, mientras que las **tuberas** no tienen aire. Estos suelos tienen poca vegetación porque no tienen suficientes descomponedores para descomponer la materia orgánica.

¿QUÉ AÑADEN LOS DESCOMPONEDORES AL SUELO?

A medida que los descomponedores se alimentan de materia orgánica, liberan en el suelo los nutrientes que obtienen de ella. Esto produce **humus**, la sustancia oscura y esponjosa que forma parte de muchos suelos. El humus mantiene unidos a los granos de mineral y ayuda a que el suelo absorba agua. Las plantas usan los nutrientes almacenados en el humus para crecer.

Las profesiones y las rocas

Algunos científicos de suelos estudian a los descomponedores para ver qué es lo que extraen del suelo, ¡no lo que añaden! Estudian las bacterias y los hongos para ver cómo se alimentan y cómo se liberan de las toxinas (las sustancias del suelo que pueden resultar perjudiciales para los seres vivos).

Este hombre fue asesinado y arrojado a una turbera danesa hace alrededor de 2,500 años. Su cuerpo está casi totalmente intacto porque los suelos de la turbera tienen pocos descomponedores que pudran la materia orgánica.

LOS ANIMALES DEL SUELO

Las numerosas clases de animales que viven en el suelo (y que se desplazan por él) ayudan a crear suelo y también a mantenerlo sano. Por ejemplo, las babosas, los escarabajos y las **larvas** de insectos (los insectos jóvenes) son **carroñeros**. Se alimentan de cualquier materia orgánica que encuentren. Los carroñeros a menudo dejan caer pedazos pequeños de materia orgánica cuando se alimentan. Los descomponedores descomponen con facilidad estos pedacitos.

Consejo de ciencias

Busca en un jardín pilas pequeñas y enrolladas de suelo. Esto es humus de lombriz. Las lombrices se alimentan haciendo pasar el suelo por sus cuerpos. Los desechos que dejan añaden nutrientes al suelo, como nitrógeno.

Las moscas ponen huevos en los animales muertos. Los gusanos que nacen de esos huevos son carroñeros que liberan pedazos pequeños de materia orgánica en el suelo.

EXCAVADORES DE SUELO

Los animales de mayor tamaño que viven en el suelo o que lo excavan también ayudan a mejorar la salud del suelo. Animales como los conejos y los perros de las praderas excavan agujeros bajo tierra para protegerse o para sus crías. Las excavaciones aflojan el suelo y lo mezclan, y esparcen minerales y materia orgánica por todo el suelo. Los agujeros que excavan también permiten que ingrese más aire y agua. Los animales que se alimentan de plantas, como los perros de las praderas, también evitan que la tierra se sature de vegetación. Esto permite que crezca una mezcla de plantas, lo cual a su vez sirve para añadir una variedad de nutrientes al suelo.

Los perros de las praderas excavan largas redes de túneles y mueven toneladas de suelo al año.

¿CÓMO IDENTIFICAMOS LOS DISTINTOS SUELOS?

Ahora que sabemos que los distintos equilibrios de ingredientes producen suelos diferentes, podemos usar el color, la **textura** y otras características para identificar los suelos.

EL COLOR

Casi todos los suelos tienen distintos colores que son tonos del negro, marrón, rojo y amarillo, pero el color del suelo depende de lo que contenga. Por ejemplo, el suelo rico en **humus** es oscuro, pero el suelo con pocos **nutrientes** es pálido. El suelo que contiene **minerales** de hierro, si ha drenado bien, a menudo es rojo como el óxido, pero es grisáceo si ha estado muy húmedo durante mucho tiempo. Los **cultivos** quizás no crezcan muy bien en suelos grisáceos, porque los suelos grisáceos contienen poco **oxígeno.**

Los científicos observan el color, la textura y la ubicación de los suelos y los cotejan con tablas para identificarlos.

TEXTURA

Otra forma de clasificar los suelos es según la textura, que es la manera en que el suelo se siente al tacto. La textura de los suelos depende del tamaño de las **partículas** de las rocas que contienen. La grava tiene el mayor tamaño entre los cuatro tamaños básicos, seguida por la arena, el limo y luego la **arcilla**. Hay espacios más grandes entre las partículas grandes, por lo tanto el agua y los nutrientes se escurren con facilidad. La arcilla atrapa más agua, pero también más nutrientes.

Las profesiones y las rocas

Algunos científicos examinan los suelos para ver cuán **ácidos** son. Esto ayuda a que los agricultores y jardineros sepan qué pueden cultivar. Sólo ciertas plantas, como los brezos, se dan bien en los suelos ácidos. Antes de cultivar el suelo, los agricultores pueden agregar sustancias para hacerlo menos ácido.

Muchos cultivos y otras plantas crecen mejor en los suelos que tienen una mezcla de partículas de varios tamaños.

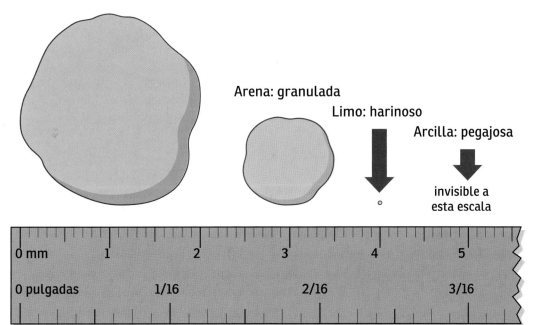

Tamaño relativo de las partículas del suelo

Grava: dura y áspera

Arena: granulada

Limo: harinoso

Arcilla: pegajosa

invisible a esta escala

0 mm   1   2   3   4   5

0 pulgadas   1/16   2/16   3/16

DE PERFIL

También podemos identificar muchos suelos por sus cuatro capas principales:

- *Suelo superior:* Esta capa contiene la mayor cantidad de materia **orgánica** y humus.

- *Subsuelo*: Esta capa contiene menos cantidad de materia orgánica que el suelo superior, pero en ella están concentrados los minerales.

- *Horizonte de desgaste:* Aquí el **lecho rocoso** está parcialmente fragmentado.

- *Lecho rocoso: Esta es la roca sólida que forma el lecho, o base, del suelo.*

Los distintos suelos tienen perfiles diferentes (profundidad de las capas). Los suelos de las praderas tienen un suelo superior grueso y rico en humus, porque en ellos se ha descompuesto mucho pasto con el transcurso de los siglos. Los suelos de los bosques tropicales a menudo tienen un suelo superior fino y pobre en nutrientes, porque las fuertes lluvias arrastran y se llevan los nutrientes.

Puedes identificar el suelo
a través de su perfil.

TIPOS DE SUELO

Los suelos varían de muchas formas. Para simplificar las cosas, los científicos dividen los suelos en distintos tipos generales. Una manera de hacer esto es dividirlos por zona climática.

Cada zona climática del mundo tiene sus propios tipos de suelo. Las zonas de clima polar tienen suelos *podzol* y de tundra. Los *podzol* son suelos de colores claros, bajos en minerales y generalmente se encuentran en bosques fríos y páramos. Los suelos de tundra se encuentran aún más cerca de los polos. Son suelos oscuros que contienen **turba** y están congelados durante una parte del año. En las zonas de clima tropical, hace tanto calor y hay tanta humedad todo el año que los suelos están muy **desgastados**. Entre los suelos de esta zona se encuentran las lateritas, suelos rojizos y bajos en minerales, y los ferralsoles, ricos en minerales de hierro.

Biografía

El pasatiempo del geólogo ruso Vasily Dokuchayev (1846–1903) era estudiar y trazar mapas de los suelos de Rusia. A fines del siglo XIX, Dokuchayev explicó que los distintos tipos de suelo que existían en el mundo eran consecuencia de los cambios producidos en los materiales del lecho rocoso, en el clima y en los seres vivos propios de los distintos lugares.

Este mapa muestra la ubicación de los tipos de suelo alrededor del mundo.

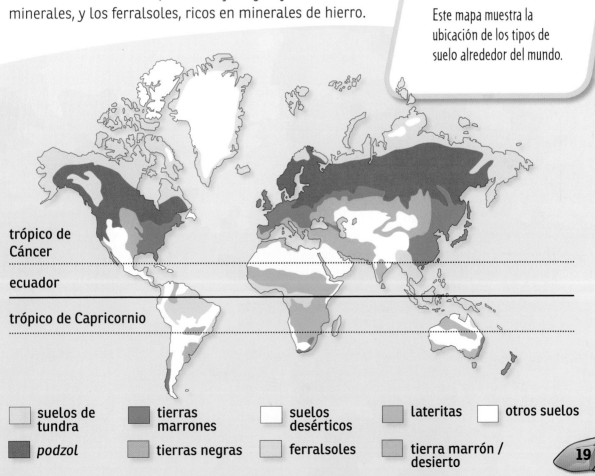

trópico de Cáncer

ecuador

trópico de Capricornio

- ☐ suelos de tundra
- ■ *podzol*
- ■ tierras marrones
- ▨ tierras negras
- ☐ suelos desérticos
- ☐ ferralsoles
- ▨ lateritas
- ☐ otros suelos
- ▨ tierra marrón / desierto

19

¿PARA QUÉ USAMOS EL SUELO?

Usamos los distintos suelos del mundo para tantas cosas que no podemos vivir sin ellos. Usamos los suelos para cultivar alimentos, para obtener agua, para construir, ¡incluso para resolver crímenes!

Las plantas que crecen en el suelo sirven para producir bebidas, alimentos, ropa, muebles y muchas otras cosas. El suelo proporciona el agua, los **nutrientes** a partir de la materia **orgánica** y los **minerales** que los **cultivos** necesitan. Por ejemplo, el **nitrógeno** ayuda al crecimiento de las hojas y el **potasio** hace a las plantas resistentes a las enfermedades.

Las profesiones y las rocas

Los **geólogos** forenses comparan los rastros de suelo hallados en los sospechosos con el suelo de la escena del crimen. Si coinciden, el sospechoso probablemente haya estado en el lugar y sea culpable del delito. ¡La primera mención a la geología forense apareció en un cuento sobre el detective Sherlock Holmes, en 1887!

¿Cuántas cosas de las que se ven en la imagen provienen de las plantas que crecen en el suelo?

LA AGRICULTURA EN EL MUNDO

Los agricultores cultivan cosechas en todo el mundo, pero en qué lugar crece cada tipo de cultivo depende del tipo de suelo. Por ejemplo, el arroz crece mejor en suelos cálidos y anegados, ricos en nutrientes. Gran parte de las cosechas de arroz del planeta se cultiva en los suelos del sur de la India y China, que tienen esas condiciones.

MODIFICAR LOS SUELOS

A veces los agricultores modifican el suelo para cultivar cosechas en lugares que no poseen naturalmente las condiciones adecuadas para el cultivo. **Irrigan** (añaden agua) los suelos secos. Añaden rocas trituradas de **piedra caliza** a los suelos **ácidos**, porque los minerales de la piedra caliza disminuyen la acidez del suelo. Para añadir nutrientes adicionales al suelo, los agricultores también pueden añadir **estiércol** de animales o **fertilizantes** elaborados industrialmente.

Los agricultores de todo el mundo necesitan tener el tipo adecuado de suelo para las cosechas que intentan cultivar.

EL SUELO PARA LA CONSTRUCCIÓN

Usamos el suelo para fabricar ladrillos y como cimientos de las construcciones. El suelo que tiene gran cantidad de **partículas de arcilla** es el mejor para fabricar ladrillos. La arcilla evita que los ladrillos se desmoronen, y por lo tanto los hace más fuertes. Los constructores estudian el suelo antes de construir una casa, porque los edificios se hunden en la arcilla si se seca y se encoge. Incluso si construyen sobre suelos firmes, los constructores excavan a través del **suelo superior** hasta alcanzar la profundidad del **subsuelo**, que puede sostener un edificio pesado.

La Torre inclinada de Pisa, en Italia, se está viniendo abajo porque fue construida sobre suelo arcilloso.

Biografía

Al experto inglés en suelos John Burland (nacido en 1936) se le ocurrió excavar 30 toneladas métricas (33 toneladas) de suelo seco debajo de uno de los lados de la Torre de Pisa. Ese lado de la torre se hundió en la arcilla húmeda que se asentó en los pozos excavados; ¡De esta manera el edificio quedó un poco más seguro y más derecho!

EL SUELO Y EL AGUA

Usamos el suelo para almacenar el agua que necesitamos todos los días para beber, limpiar, cocinar y para las industrias. La lluvia se escurre hacia el suelo y drena a través de él para fluir hacia los ríos y lagos, y para llenar los suministros subterráneos de agua. El suelo también filtra, o ayuda a limpiar, el agua a medida que lo atraviesa.

EL SUELO Y LOS DESECHOS

También usamos el suelo para deshacernos de los desechos. Cuando se entierran los desechos en los **vertederos**, los **descomponedores** del suelo gradualmente descomponen la materia orgánica contenida en el suelo. Desafortunadamente, los descomponedores no pueden deshacerse de los plásticos, los metales y otros desechos no orgánicos.

En los vertederos como el de la imagen, los descomponedores del suelo ayudan a deshacerse de los desechos que, de otra manera, formarían montañas de basura en todo el mundo.

23

CÓMO LAS PERSONAS DAÑAN LOS SUELOS

En ocasiones, la manera en que las personas usan el suelo puede degradarlos (dañarlos). Al limpiar tierras con el fin de cultivarlas, las personas talan los árboles y cortan las plantas. Sin plantas que mantengan el suelo unido, el viento y la lluvia puede **erosionar** el suelo superior. Sin el suelo superior, no hay nutrientes suficientes para cultivar cosechas.

En la década de 1930, un área enorme de tierras de la zona central de los Estados Unidos, conocida como las Grandes Llanuras, fue arada con el fin de plantar trigo y otros cultivos. El área pasó a ser conocida como la Cuenca de Polvo, porque el suelo superior expuesto se secó y millones de toneladas de tierra fueron esparcidas por los vientos, formando tormentas oscuras de polvo. Miles de agricultores tuvieron que mudarse, porque no pudieron cultivar sus tierras.

Esta imagen muestra un muro de polvo, recogido por el viento en los suelos de las praderas, que desciende sobre un pueblo de la Cuenca de Polvo, durante la década de 1930.

ARRUINAR EL SUELO

Algunos agricultores usan el suelo de forma que se mantenga saludable, pero otros usan demasiados fertilizantes, intentando que los cultivos crezcan más rápido y tengan mayor tamaño. Esto hace daño a los descomponedores del suelo. Cuando hay menos descomponedores, hay menos **humus** y, por lo tanto, menos agua y menos nutrientes para los cultivos.

En las zonas áridas, el suelo se puede dañar cuando los agricultores hacen excavaciones muy profundas para buscar más agua. Si el agua que encuentran contiene sales que están debajo de la superficie, estas sales se acumulan en el suelo y detienen el crecimiento de los cultivos.

Las profesiones y las rocas

Algunos científicos ayudan a proteger el suelo. Inspeccionan las fábricas para asegurarse de que no estén contaminando el suelo. Usan cámaras por **satélite** para ubicar los sitios de la Tierra donde se esté produciendo **erosión** del suelo.

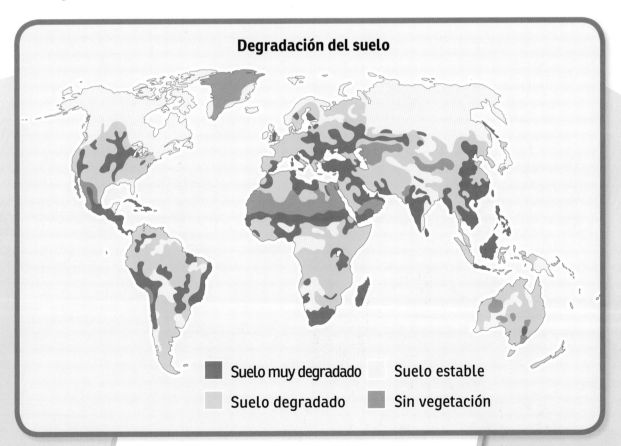

Degradación del suelo

- ■ Suelo muy degradado
- ■ Suelo degradado
- ■ Suelo estable
- ■ Sin vegetación

Dos tercios del suelo del mundo está degradado porque se han agotado los nutrientes o porque ha sido dañado por la agricultura.

¿CÓMO PODEMOS PROTEGER EL SUELO?

El suelo resulta esencial para la vida y toma muchos años en formarse, pero hemos visto cómo se puede dañar y **erosionar** en muy poco tiempo. ¿Cómo podemos ayudar al suelo?

Podemos aumentar la cantidad de **nutrientes** del suelo que nos rodea añadiéndole materia **orgánica**. Muchas personas generan desechos en la cocina y en el jardín, que fácilmente pueden transformarse en **composta**. La composta es materia orgánica podrida. Las personas producen composta almacenando los desechos orgánicos en pilas o cubos. La composta que se añade al suelo proporciona alimento para los **descomponedores** y, como consecuencia, éstos liberan nutrientes y **humus**. Esta forma de añadir nutrientes de manera natural es mejor que añadir sustancias químicas, porque no hay peligro de dañar a los seres vivos del suelo.

> Es fácil hacer composta para añadirla al suelo y mantenerlo sano.

Cosas marrones:
Hojas muertas, ramitas, paja, cartón corrugado, trocitos de algodón

+

Cosas verdes
cáscaras de frutas, verduras y de huevo, pasto cortado, saquitos de té, **estiércol** de pollo

+

Agua
Los descomponedores y los animales del suelo necesitan agua para hacer su trabajo.

+

Aire
Debe voltearse la pila para permitir que les llegue **oxígeno** a los seres vivos del suelo.

+

Nada de esto
(arruinarían la composta): carne, pescado, alimentos cocidos, arena de gatos, desechos de perro

← **COMPOSTA**

DETENER LA EROSIÓN

Las personas detienen la **erosión** del suelo de varias maneras. Plantan árboles y arbustos cerca de las tierras cultivadas para detener el viento que puede hacer volar el suelo superior. Los agricultores aran las pendientes a lo ancho en lugar de hacerlo a lo largo, para impedir que el agua de lluvia arrastre y se lleve el suelo. Los jardineros pueden comprar composta que no contenga **turba** extraída de los suelos de las **turberas** escasas.

La historia del suelo es una historia fascinante. La próxima vez que estés al aire libre, ¡piensa en el suelo que está debajo de nuestros pies y en lo que hace por nosotros!

Biografía

En 1976, el científico keniata Wangari Maathai (nacido en 1940) dio inicio a un movimiento para plantar árboles, en parte para reducir la erosión del suelo. Ya se han plantado 40 millones de árboles en Kenia, ¡y el objetivo es plantar 1,000 millones de árboles en todo el mundo!

Para cultivar arroz, los agricultores construyen terrazas en las pendientes, que detienen la erosión del suelo y ayudan a almacenar agua en el suelo.

¡HAZ UNA CAMISETA DE TIERRA!

Los **minerales** de color del suelo se pueden usar para teñir una camiseta.

MATERIALES:

- un delantal
- un balde viejo
- una taza de medir
- sosa (carbonato de sodio)
- una camiseta blanca de algodón, limpia y seca
- guantes de goma
- 1 kg (2 lb) de suelo (el suelo de color brillante es el mejor)
- una cuchara vieja de madera
- vinagre
- una taza

PROCEDIMIENTO:

1 Ponte el delantal: ¡podrías mojarte o embarrarte!

2 Añade 3 litros (6 pintas) de agua fría al balde con media taza de sosa. (Servirá para que la camiseta absorba el color.) Revuelve para que se mezcle. Pon la camiseta en el balde durante una hora.

3 Escurre la camiseta y déjala reposar. Con los guantes puestos, añade suelo al balde junto con 8 litros (16 pintas) de agua caliente para diluir el lodo. Revuelve con la cuchara de madera. Añade una taza de vinagre para ayudar a que los colores del mineral pasen del lodo a la tela.

4 Deja que la camiseta se remoje en el lodo durante cuatro horas. Revuelve ocasionalmente para asegurarte de que todas las partes de la camiseta se remojen en el lodo.

5 Enjuaga suavemente la tela con agua fría en un lavamanos, para que se desprendan todas las **partículas** de roca. Cuelga la camiseta para que se seque. Luego lávala en el ciclo frío de la lavadora. Sécala en un lugar caliente, como una secadora de ropa, antes de usarla.

Consejo de ciencias

Antes de secarla, ata nudos en la camiseta usando bandas elásticas, para crear un diseño de distintos patrones. Puedes oscurecer el color repitiendo el proceso varias veces.

GLOSARIO

ácido (sust.) sustancia, normalmente líquida, que puede dañar las cosas que toca si es muy fuerte

ácido (adj.) que contiene ácidos

arcilla suelo de granos muy finos

bacterias seres vivos simples y minúsculos que viven en el agua, en el aire, en el suelo y en otros seres vivos

cadena alimentaria manera de mostrar las relaciones de alimentación entre los seres vivos

carroñero animal que se alimenta de desechos o de animales que han sido matados por otros animales

ceniza polvo gris o negro que queda después de que algo se ha quemado

composta materia orgánica podrida

cultivo plantas que las personas cultivan en gran cantidad, normalmente para usar como alimento

desgaste fragmentación de las rocas debido a los factores climáticos, como las temperaturas extremas

descomponedor algo que descompone y pudre materiales como los desechos

desprendimiento de tierras masa de roca o suelo que se desliza cuesta abajo

disolver mezclar completamente con un líquido

erosión desgaste de las rocas producido por el agua que fluye, el viento y los glaciares

erosionar desgastar

estiércol material de desecho (bosta) de los animales que se mezcla con el suelo para ayudar a las plantas a crecer

fertilizante sustancia que los agricultores añaden al suelo para que las plantas crezcan más rápido y con mayor tamaño

geólogo científico que estudia las rocas y el suelo que forman la Tierra

granito tipo de roca dura usada a menudo en la construcción

hongos seres vivos, como las setas, que habitualmente crecen en el suelo y se alimentan de materia en descomposición

horizonte de desgaste capa más baja del suelo, donde el lecho rocoso está parcialmente fragmentado

humus material orgánico oscuro de los suelos producido por la descomposición de materia vegetal y animal

irrigar añadir agua al suelo para ayudar a las plantas a crecer

larvas etapa joven de los insectos, como las orugas o los gusanos

lecho rocoso capa de roca sólida que se encuentra por debajo del suelo y la arena

loes suelo compuesto por partículas pequeñas que fueron transportadas por el viento

magma roca fundida debajo de la corteza terrestre

mineral sustancia no viviente que está presente de forma natural en la Tierra, como el oro y la sal

nitrógeno sustancia química que los seres vivos necesitan, pero que existe mayormente en forma de gas en el aire

nutriente sustancia que los seres vivos necesitan para mantenerse con vida y para crecer

orgánico producido por seres vivos o a partir de ellos

oxígeno gas del aire que los seres vivos necesitan para vivir

partícula pedazo diminuto de algo

piedra caliza roca compuesta por el mineral calcita, que puede provenir de caparazones y esqueletos de animales marinos

potasio sustancia que se encuentra en el suelo y que las plantas usan para mantenerse saludables

recurso suministro de algo que las personas necesitan y usan, como agua, suelo o petróleo

satélite aparato electrónico enviado al espacio y que se mueve alrededor de la Tierra

subsuelo capa del suelo que se encuentra por debajo del suelo superior y que contiene menos materia orgánica que el suelo superior, pero más minerales

suelo superior capa superior del suelo que contiene la mayor cantidad de materia orgánica y humus

textura manera en que algo se siente al tacto, como quebradizo o pegajoso

turba sustancia de color negro o marrón oscuro que se forma a partir de materia vegetal que se pudre

turbera área de suelo húmedo y esponjoso, situada normalmente cerca de una masa de agua

vertedero sitio donde se eliminan los desechos enterrándolos bajo tierra

volcán apertura en la superficie terrestre a través de la cual se escapa el magma desde las profundidades

APRENDE MÁS

LECTURA ADICIONAL

Faulkner, Rebecca. *Soil* (Geology Rocks!). Chicago: Raintree, 2008.

Guillain, Charlotte. *Rocks and Soil* (Investigate). Chicago: Heinemann Library, 2009.

Infiesta, Eva, Tola, José. *Átlas básico de fósiles y minerales*. Barcelona: Parramón, 2004.

National Geographic. *Rocas y minerales* (Los exploradores de National Geographic). Miami: Santillana USA Publishing Company, 2006.

Pellant, Chris. *Rocas y fósiles*. Madrid: Edelvives, 2006.

SITIOS WEB

¿Quieres aprender acerca de las lombrices y cómo ayudan al suelo? Ve a:
http://www.ars.usda.gov/is/espanol/kids/soil/story2/sp.goodworm.htm

Quizá te interese la variedad de trabajos que los científicos del suelo hacen en:
http://soils.usda.gov/education/facts/careers.html

¡Ayuda al detective Le Plant a buscar pistas en el suelo! Visita:
http://urbanext.illinois.edu/gpe_sp/case2/index.html

¿Necesitas instrucciones adicionales para hacer composta? Visita:
www.dnr.state.wi.us/org/caer/ce/eek/earth/recycle/compost_waste.htm

ÍNDICE

agricultura 17, 21, 24, 25, 27
agua 4, 7, 10, 12, 17, 23, 25, 26, 27
animales 5, 11, 14–15
árboles 27
arcilla 17, 22
arena 8, 17
arenisca 6

babosas 14
bacterias 11, 12, 13
Burland, John 22

cadenas alimentarias 5, 11
capas del suelo 18
carroñeros 14
ceniza volcánica 9
ciclo del nitrógeno 11
científicos del suelo 17, 25
colores 16
composta 26, 27
conejos 15
Cuenca de polvo 24
cultivos 16, 17, 20, 21, 24, 25

descomponedores 12, 13, 14, 23,
        25, 26
desechos 4, 10, 11, 12, 14, 23, 26
desgaste 6, 7, 8, 19
desprendimientos de tierras 9
Dokuchayev, Vasily 19

erosión 8, 9, 24, 25, 27
escarabajos 14
estiércol 21

ferralsoles 19
fertilizantes 21, 25

geólogos 19, 20
geólogos forenses 20
granito 7
granos 4, 6, 7, 8, 13

grava 8, 17
gusanos 14

hierro 16, 19
hongos 12, 13
horizonte de desgaste 18
humus 13, 16, 18, 25, 26
humus de lombriz 14

irrigación 21

larvas 14
lateritas 19
lecho rocoso 18, 19
limo 17
lluvia ácida 6
lombrices 14

Maathai, Wangari 27
magma 9
materia orgánica 12, 13, 14, 15, 18,
        20, 23, 26
minerales 6, 8, 9, 13, 15, 16, 18, 19,
        20, 21, 28

nitrógeno 20
nutrientes 10, 11, 13, 14, 15, 16, 18,
        20, 21, 24, 25, 26

oxígeno 5, 16

partículas de roca 17, 22
perfiles 18
perros de las praderas 15
piedra caliza 6, 7, 21
plantas 5, 9, 10–11, 12, 15, 17, 20
podzol 19
potasio 20

subsuelo 18, 22
suelo superior 18, 22, 24, 27
suelos ácidos 17, 21

suelos de bosques tropicales 18
suelos de las praderas 18
suelos de loes 8
suelos de tundra 19
suelos de turbera 13, 27
suelos degradados 24, 25

textura 17
Torre inclinada de Pisa 22
toxinas 13
turba 19, 27

vertederos 23
volcanes 9

zonas climáticas 19